BATTERIES MONTÉES

MANUEL DU TROMPETTE

DANS

L'ARTILLERIE DE CAMPAGNE

AVEC LE CAHIER

DES SONNERIES RÉGLEMENTAIRES

3e Édition

PARIS
HENRI CHARLES-LAVAUZELLE
Éditeur militaire
10, Rue Danton, Boulevard Saint-Germain, 118
MÊME MAISON A LIMOGES

1900

DÉPÔT LÉGAL
HAUTE-VIENNE
113
1800

8° V
12930

MANUEL DU TROMPETTE

DANS

L'ARTILLERIE DE CAMPAGNE

MANUEL DU TROMPETTE

DANS

L'ARTILLERIE DE CAMPAGNE

AVEC LE CAHIER

DES SONNERIES RÉGLEMENTAIRES

3ᵉ Édition

PARIS

Henri CHARLES-LAVAUZELLE

Éditeur militaire

10, Rue Danton, Boulevard Saint-Germain, 118

(MÊME MAISON A LIMOGES)

1900

CE MANUEL APPARTIENT

au canonnier............ ...   .   ..
de la ....ᵉ batterie (ᵉ groupe) du ......ᵉ régiment d'artillerie.

Élève trompette le.... .... 19..	
Trompette (à la......ᵉ batterie) le ...... 19..	
Brigadier trompette :	
Maréchal des logis trompette :	
Brigadier de pièce.	
Chef de pièce.	Mar. des log. ....
Chef de section.	Lieutenant ....
Commandant de batterie.	Capitaine.......... ....

MANUEL DU TROMPETTE

DANS

L'ARTILLERIE DE CAMPAGNE

Le trompette doit être un soldat d'élite, d'une tenue irréprochable. Il faut que son allure, son attitude, le brillant de son uniforme fassent honneur au régiment. Ne marche-t-il pas en tête de ce régiment ou de sa batterie? N'est-ce pas lui qu'on voit le premier dans les défilés et aux revues? N'accompagne-t-il pas souvent des officiers?

Plus payé que les autres canonniers (car son prêt est de 35 centimes par jour), le trompette est souvent appelé à remplacer le chef de chambrée. A ce titre, il doit donner l'exemple de la bonne conduite, de la ponctualité dans le service, de la discipline et de la déférence envers les supérieurs.

Enfin, ses fonctions ont pris une importance nouvelle dans l'artillerie depuis qu'on lui a attribué les rôles d'*agent de liaison* et d'*éclaireur de terrain* en campagne. Les devoirs que lui créent ces missions de confiance sont très importants : il est de toute nécessité, en effet, que la transmission des ordres soit absolument sûre et aussi que les batteries ne s'aventurent jamais sur un terrain ou dans des chemins qui n'aient pas été reconnus.

Les trompettes ne sauraient trop se pénétrer de l'importance de leur rôle. Ils ne sauraient étudier avec trop de soin leurs devoirs pour le temps de paix, comme dans le service en campagne. Ces devoirs sont résumés dans le présent *Manuel*. Les trompettes [y trouveront tout ce qu'ils ont à apprendre pour connaître leur service spécial.

SERVICE INTÉRIEUR

(Décret du 20 octobre 1892.)

—

Le *colonel* nomme les trompettes. (Art. 2.)

Le *lieutenant-colonel* a la haute surveillance de l'école des trompettes. (Art. 15.)

Le *capitaine instructeur* est chargé de l'instruction des trompettes. (Art. 41.)

Voir aussi les *Bases générales de l'instruction* (§ 41).

ART. 144. — *L'adjudant d'état-major de semaine* est responsable de la ponctualité des sonneries, lors même qu'il se fait suppléer à cet égard par le maréchal des logis de garde.

Les heures des sonneries pour le service journalier sont fixées par le colonel.

Les sonneries doivent être aussi rares que possible.

ART. 156. — Le *maréchal des logis trompette*, secondé par le *brigadier trompette*, est chargé, sous la surveillance du capitaine instructeur, d'apprendre aux trompettes et aux élèves trompettes à sonner, à toutes les allures, les sonneries réglementaires de l'artillerie et de la cavalerie ; il doit aussi leur faire connaître les sonneries de clairon de l'infanterie. Le colonel règle les heures de l'école des trompettes.

Le maréchal des logis trompette se trouve à toutes les réunions du régiment, fait l'appel des trompettes et le rend à l'adjudant d'état-major de semaine.

Quand le régiment est divisé, le maréchal des logis trompette marche avec les batteries que commande le colonel, et le brigadier trompette avec les autres.

ART. 248. — Les trompettes sont choisis sur une liste d'aptitude dressée par le capitaine instructeur et nommés par le colonel sur la proposition du capitaine commandant.

La désignation des élèves trompettes est faite par le colonel sur la proposition des mêmes officiers.

Les élèves trompettes sont admis à l'école des trompettes dès qu'ils sont mobilisables, c'est-à-dire dès qu'ils ont complètement terminé la première période d'instruction. (*Bases générales de l'instruction*, § 47.)

Les trompettes sont, pour leur service et leur instruction seulement, sous les ordres du maréchal des logis trompette et du brigadier trompette ; ils sont soumis aux mêmes règles et aux mêmes devoirs que les canonniers de la batterie, sous les ordres constants de leurs chefs directs.

Ils prennent le service avec la fraction de la batterie à laquelle ils appartiennent.

Le trompette qui est commandé de service au quartier avec la fraction qui constitue la *garde de police* exécute toutes les sonneries ; il est aux ordres du capitaine adjudant-major, de l'adjudant d'état-major de semaine et du maréchal des logis de garde.

Les élèves trompettes sont pourvus d'instruments par les soins de leurs batteries respectives ; ces instruments sont réparés sur les fonds de la masse des écoles.

Art. 276. — Le *trompette de garde* exécute, d'après les ordres de l'adjudant d'état-major de semaine ou du maréchal des logis de garde, toutes les sonneries du service journalier et celles qui sont ordonnées par les officiers supérieurs, le capitaine de distribution, le capitaine adjudant-major de semaine.

Art. 338. — [Lorsqu'il y a lieu], les trompettes sont remis canonniers de deuxième classe, sur l'ordre du colonel, d'après le rapport du capitaine commandant, l'avis du chef d'escadron et celui du lieutenant-colonel.

Routes à l'intérieur (1).

Dans chaque batterie, un trompette doit être logé dans la même maison que l'adjudant. (Art. 433.)

A défaut de trompettes à pied, on peut adjoindre des trompettes à cheval à la colonne à pied. Ces

---

(1) Le Règlement sur le service intérieur indique les devoirs des trompettes dans les routes du temps de paix du genre de celles que font les régiments pour se rendre aux écoles à feu. Les règles données ont cessé d'être intégralement observées, par suite de différentes circonstances ; nous ne les reproduisons ici que pour mémoire.

trompettes marchent en tête et sonnent la marche. Ils cessent de jouer lorsque la colonne est hors du gîte. (Art. 436.)

Pour le départ de la colonne à cheval, on se conforme habituellement aux prescriptions suivantes :

Deux heures avant le départ, on sonne le *réveil;*
Une heure avant, on sonne le *boute-selle;*
Une demi-heure avant, on sonne *à cheval.*

Le colonel modifie les heures de ces sonneries quand il le juge nécessaire. Il peut aussi prescrire qu'il n'en sera pas fait.

En cas de réunion ou de départ imprévu, soit de jour, soit de nuit, on sonne *à cheval.* (Art. 438.)

Art. 441. — Les trompettes marchent réunis, sauf en ce qui est prescrit ci-dessous, à la tête du régiment ; ils sonnent toutes les fois que le régiment passe dans une ville ou dans un village.

Le trompette de garde suit le commandant de la colonne ; des trompettes sont échelonnés le long de la colonne pour répéter les sonneries.

Dans les marches de nuit, un trompette est placé à la queue de chaque batterie pour sonner des *appels* quand l'obscurité ou la difficulté du terrain arrête la marche. Ces appels sont répétés jusqu'à la queue de la colonne.

Art. 444. — Lorsque la colonne doit faire une halte, il est sonné un *demi-appel* (pour que les voitures appuient à droite). A la sonnerie *halte,* toutes les batteries s'arrêtent. A la sonnerie *pied à terre,* les officiers, sous-officiers et canonniers mettent pied à terre.

Quand la halte est finie, on sonne *à cheval,* suivi bientôt après d'un couplet de la *marche;* à ce signal, toutes les batteries se mettent en mouvement.

Art. 446. — [Lorsque deux troupes se rencontrent], les trompettes sonnent *la marche.*

Art. 451. — [Au gîte d'étape], toutes les sonneries

sont répétées par les trompettes de chaque batterie, sous la responsabilité de l'adjudant de batterie.

Le trompette de garde est sous les ordres du maréchal des logis de garde et de l'adjudant d'état-major, qui le dirigent pour les sonneries.

En campagne et aux manœuvres.

ART. 467. — Quand les colonnes sont considérées, pendant les marches, comme des troupes prenant part aux manœuvres, elles se conforment, de tous points, aux prescriptions du Règlement sur le service en campagne du 28 mai 1895.

Toute sonnerie est interdite dans les cantonnements ou bivouacs, sauf dans le cas d'une alerte, dont le signal est donné par le commandant du cantonnement qui fait battre ou sonner la *générale.* (Art. 86 du *Règlement du 28 mai 1895 sur le service des armées en campagne.*)

Dans les *cantonnements*, un des trompettes de chaque batterie est logé, avec le maréchal des logis chef, non loin du capitaine (voir page 29).

Les *liaisons* sont, en général, constituées comme il est dit page 29.

SERVICE DES PLACES

(Décret du 4 octobre 1891.)

———

Quand il y a lieu de rassembler un *piquet* pendant la nuit, il n'est fait ni bruit ni sonneries. (Art. 48.)

Garde.

Quand la garde montante arrive au poste, les trompettes sonnent la *marche*. (Art. 57.) De même quand la garde descendante en part. (Art. 59.)

Quand on forme la garde, le trompette se place à deux pas (1^m,50) à la droite du premier rang. (Art. 58.)

Alerte et alarme.

Lorsqu'un corps doit, pendant le jour, prendre les armes ou monter à cheval seul et à l'improviste, on sonne le *boute-selle* précédé du *refrain* du régiment. Les trompettes parcourent les différents quartiers de la ville.

De nuit, le rassemblement a lieu sans sonneries. (Art. 114.)

L'alarme, de quelque nature qu'elle soit, est annoncée par *la générale*. (Art. 116.)

L'autorité militaire seule peut faire sonner la générale. (Art. 170.)

Honneurs militaires.

Lorsque les troupes sortent pour rendre les honneurs (revues et prises d'armes), les trompettes exécutent les sonneries suivantes :

La marche. pour le Président de la République, les Ministres de la guerre et de la marine, les maréchaux et amiraux, les généraux de division commandant en chef une ou plusieurs armées, les gouverneurs militaires de Paris et de Lyon, les généraux de division commandant un corps d'armée, les vice-amiraux pourvus d'une commission d'amiral, les vice-amiraux commandant en chef à la mer ou préfets maritimes, les généraux de division commandant la région territoriale après la mobilisation ;

Les appels, pour les généraux de division commandant les divisions actives et les vice-amiraux.

Pour les généraux de brigade et les contre-amiraux, les trompettes sont *prêts à sonner*. (Art. 262.)

Lorsque les troupes prennent les armes lors de l'arrivée du Président de la République dans une place ou un camp, les trompettes sonnent la *marche*. (Art. 263.) De même pour les Ministres (art. 264), les maréchaux et amiraux (art. 265), ainsi que les généraux de division commandant une ou plusieurs armées, lorsque ces généraux font leur première entrée dans les places appartenant à leur commandement. (Art. 266.)

Si la troupe est sous les armes, lorsqu'un général de division ou un vice-amiral vient prendre possession de son commandement ou entre pour la première fois dans une place qui en dépend, les trompettes sonnent *des appels*. (Art. 266.)

Dans les mêmes conditions, ils se tiennent *prêts à sonner* pour les généraux de brigade et les contre-amiraux. (Art. 267.)

Lorsqu'une troupe en armes en rencontre une autre (Voir Service intérieur, art. 446), les trompettes sonnent la *marche*. (Art. 274.)

Lorsqu'un poste ou une garde sort pour rendre les honneurs, les trompettes sonnent la *marche* (art. 282) pour :

Le Président de la République ;
Le Sénat, | en corps ou en députation, réunis en costume officiel ou revêtus de leurs insignes ;
La Chambre des députés,
Le Conseil d'Etat,
La Cour de cassation,
La Cour des comptes,
Les Présidents du Sénat et de la Chambre des députés ;
Les Ministres ;
Les maréchaux et amiraux ;
Les généraux de division commandant en chef une ou plusieurs armées ;

Les vice-amiraux pourvus d'une commission de commandement d'amiral ;

Les gouverneurs de Paris et de Lyon ;

Les généraux de division commandant un corps d'armée ;

Les vice-amiraux commandant en chef à la mer ou préfets maritimes.

Ils sonnent des *appels* pour les Cours d'appel (en corps ou en députation, en costume officiel) et pour les généraux de division et les vice-amiraux. (Art. 283.)

Ils se tiennent *prêts à sonner* pour les préfets en uniforme, les Cours d'assises en costume officiel, les généraux de brigade et les contre-amiraux. (Art. 284.)

Lorsqu'une troupe en marche passe devant un poste, la garde sort ; les trompettes sonnent *la marche*. (Art. 275 et 289.)

Lorsque les troupes rendent les honneurs funèbres à une personne autre qu'un militaire ou marin en activité de service, les trompettes sonnent une *marche funèbre* pendant la levée du corps et jusqu'à ce que le cortège ait défilé. (Art. 325.)

Pour rendre les honneurs funèbres à un militaire ou marin en activité de service, les trompettes font, au moment de la levée du corps, les sonneries dues au grade du défunt. Les clairons et trompettes ont des sourdines et des crêpes. (Art. 326.)

BASES
GÉNÉRALES DE L'INSTRUCTION

(Approuvées le 19 juin 1889.)

Inspections, revues et défilés.

Inspections (1). — Lorsqu'une batterie isolée se forme pour une inspection *à pied*, les trompettes se placent sur l'alignement du premier rang, leur gauche à 3 mètres à droite de la première file. (§ 8.)

Lorsqu'un groupe isolé se forme pour une inspection *à pied*, tous les trompettes du groupe, formés sur deux rangs, sont placés à la droite et sur l'alignement des batteries, leur gauche à 6 mètres de la batterie de droite. (§ 9.)

Lorsque le régiment se forme pour une inspection *à pied*, les trompettes, formés sur deux rangs, sont placés à la droite du régiment, leur gauche à 6 mètres du lieutenant-

---

(1) Pour les inspections administratives, les trompettes se placent à leur numéro de contrôle. (Service intérieur, art. 302.)

colonel. Ils sont commandés par un adjudant, qui se place à la droite du premier rang. (§ 10.)

Lorsqu'une batterie isolée est formée pour une inspection *avec ses chevaux*, les trompettes, sur un rang, se placent sur l'alignement de la première ligne (celle des hommes à pied), leur gauche à 3 mètres de la première file. (§ 13.)

Les dispositions prescrites pour le groupe et le régiment, dans la formation pour une inspection à pied, sont applicables à leur formation pour une inspection *avec les chevaux.* (§ 14.)

Lorsqu'une batterie isolée est formée pour une inspection *avec son matériel*, les trompettes, sur un rang, se placent sur l'alignement des conducteurs de devant de la première ligne, à 3 mètres à droite de la première pièce. (§ 16.)

Lorsqu'un groupe isolé est formé pour une inspection *avec son matériel*, les trompettes, formés sur deux rangs, sont placés à la droite du groupe, sur l'alignement des conducteurs de devant, leur gauche à 6 mètres de la première pièce. (§ 17.)

Lorsque le régiment est formé pour une inspection *avec son matériel*, les trompettes, formés sur deux rangs, sont placés à la droite du régiment, leur gauche à 6 mètres du lieutenant-colonel. Ils sont commandés par un adjudant, qui se place à la droite du premier rang. (§§ 10 et 18.)

Revues. — Suivant le grade de la personne

qui passe la revue, les trompettes sonnent *la marche*, ou *quatre appels*, ou se tiennent *prêts à sonner*, la trompette aux lèvres, où enfin tiennent la trompette de la main droite, le pavillon appuyé sur la jambe droite.

Ils portent leur trompette aux lèvres ou entament leur sonnerie au moment où le chef de la troupe se porte au-devant de la personne à qui on rend les honneurs. Si plusieurs corps sont réunis pour la revue, ils recommencent à porter la trompette aux lèvres ou à sonner lorsque cette personne est près d'arriver à leur hauteur. (§ 21.)

Défilé. (Voir plus loin, pages 27 et 28.) — Lorsque l'artillerie défile avec une musique, les trompettes ne sonnent pas; ils laissent leurs instruments appuyés sur la cuisse.

Lorsque l'artillerie défile sans musique, chaque régiment défile avec ses trompettes, qui sonnent *la marche* et des *fanfares*. (§ 23.)

Honneurs dus à l'étendard.

Quand l'escorte se rend au lieu où est l'étendard, elle arrive sans bruit de trompettes. (§ 25.)

Dès que l'étendard paraît, le capitaine fait présenter les armes; les trompettes sonnent *à l'étendard*.

Après deux reprises de cette sonnerie, le capitaine fait porter les armes et rompre pour se mettre en marche. Les trompettes sonnent *la marche*.

Lorsque l'étendard arrive devant le régiment les trompettes cessent de sonner et vont prendre leur place de bataille en passant derrière le régiment.

Le colonel fait présenter les armes et sonner *à l'étendard*.

L'étendard reçoit, à son départ, les mêmes honneurs qu'à son arrivée.

Sonneries.

Les *Bases générales de l'instruction* contiennent un cahier de 50 sonneries, savoir :

POUR LE SERVICE INTÉRIEUR

1. Le réveil. (Voir page 10.)
2. Le repas des chevaux (*la botte.*)
3. L'appel.

Le *Service intérieur* (art. 441) prescrit de sonner des appels, dans les marches de nuit, quand l'obscurité ou la difficulté du terrain arrête la marche.

4. Le pansage.
5. Le boute-selle. (Voir pages 10 et 13.)

On emploie cette sonnerie, jointe au refrain du régiment, lorsque celui-ci doit prendre les armes ou monter à cheval seul et à l'improviste. (*Service des places*, art. 114.)

6. A cheval. (Voir page 10.)
7. A l'étendard.
8. L'ouverture du ban.
9. La fermeture du ban.

On emploie ces deux sonneries pour la réception des officiers. (*Service intérieur*, art. 263.)

Il est d'usage aussi de les employer pour la lecture

du jugement aux parades d'exécution. (*Service des places*, art 128.)

C'est habituellement aussi en ouvrant le ban qu'on annonce une *sommation* quand on en est requis. (*Service des places*, art. 169.)

10. Quatre appels consécutifs.

Cette sonnerie se fait pour le rassemblement du régiment à pied. On l'emploie également pour rendre les honneurs. (Voir ci-dessus, pages 14, 15 et 16.)

11. L'instruction.
12. A l'ordre.

Dans les routes à l'intérieur, l'adjudant d'état-major fait sonner *à l'ordre* pour le rapport général, à la dernière halte. (*Service intérieur*, art. 445.)

13. Aux officiers.
14. Aux maréchaux des logis chefs.
15. Aux fourriers.
16. Aux maréchaux des logis de semaine.
17. Aux brigadiers de semaine.
18. Aux malades.
19. La soupe. (Voir page 65.)
20. Les corvées.
21. Les distributions.
22. Le rassemblement de la garde.
23. L'appel des consignés.
24. Aux trompettes.
25. La retraite.

Cette sonnerie est employée au *tir à la cible*. (Voir page 24.) — Dans certains cas, la retraite est battue dans les villes. (*Service des places*, art. 93.)

26. L'extinction des feux.

Cette sonnerie est faite à 10 heures du soir. (*Service intérieur*, art. 148.)

27. La générale.

L'alarme, de quelque nature qu'elle soit, est annoncée par la générale.

L'autorité militaire seule peut faire sonner la générale. (Voir ci-dessus, page 14.)

POUR LES ROUTES ET LES MANŒUVRES

28. Garde à vous.
29. Sabre à la main.
30. Remettez le sabre.
31. Pied à terre.
32. En avant. (Voir page 71.)
33. Halte. (Voir pages 10 et 71.)

Cette sonnerie s'emploie parfois pour annoncer un repos au milieu d'une manœuvre. On s'en sert aussi quelquefois comme du commandement : *Au temps.* Si, par exemple, la tenue est en manteau et qu'on veuille prévenir les hommes qu'ils doivent sortir du quartier sans manteau, on fera sonner : *Déroulez vos manteaux* (sonnerie 46) et aussitôt après : *Halte.*

A la batterie attelée, la sonnerie *Halte* répétée trois fois de suite indique la suspension du mouvement. (*Règlement de manœuvre* approuvé le 18 juillet 1898, § 302.)

34. A gauche.
35. A droite.
36. Demi-tour.
37. Contre-marche.
38. Ralliement général.
39. Au pas.

Cette sonnerie se fait lorsqu'on est au trot ou au galop. Lorsque la troupe est de pied ferme, c'est la sonnerie 32 (*En avant*) qu'on emploie pour la mettre en mouvement au pas.

40. Au trot.

La troupe étant de pied ferme, pour la faire partir au trot, on sonne d'abord *En avant*, puis *Au trot*.

La sonnerie 40 peut servir pour faire partir des hommes à pied au pas gymnastique.

41. Au galop.
42. En batterie.
43. Demi-appel.

Cette sonnerie est employée pour faire *commencer le feu* et pour faire *cesser le feu*.

On l'emploie aussi, dans les routes, pour faire appuyer les voitures à droite. (Voir ci-dessus, page 10.)

Elle ne sert, dans le *tir à la cible*, que pour faire cesser le feu.

44. Faire monter les servants sur les coffres.
45. Faire descendre les servants des coffres.
46. Pour mettre les manteaux.
47. Exécution.

Cette sonnerie, dont l'application sera indiquée plus loin (page 27), est devenue réglementaire au tir à la cible. (Voir page 25.)

48. La marche. (Voir pages 14, 15, 16 et 74.)

Cette sonnerie sert pour les défilés au pas.

On l'emploie pour rendre les honneurs. (*Service des places*, art. 57, 59, 262, 263, 274, 275 et 289. — *Service intérieur*, art. 446.)

49. Défilé au trot.
50. Défilé au galop.

TIR A LA CIBLE.

(Projet de règlement du 18 juillet 1898.)

Avant de faire commencer le feu, le capitaine fait sonner *la retraite :* à ce signal, les marqueurs rentrent dans la tranchée, s'il y a lieu ; les porte-fanions lèvent les fanions pour montrer qu'ils se tiennent prêts.

Quand tous les fanions sont en vue, le capitaine fait sonner : *Exécution*, les fanions sont immédiatement abaissés.

Si, pendant la durée du tir, un accident ou toute autre cause oblige les marqueurs à demander la suspension du feu, le chef des marqueurs fait lever les fanions. A ce signal, le feu cesse et les armes sont déchargées. Le capitaine fait sonner un *demi-appel.* A cette sonnerie seulement, les marqueurs peuvent sortir de la tranchée.

De même, lorsque le capitaine fait sonner un *demi-appel,* le chef des marqueurs fait lever les fanions rouges pour indiquer qu'il a entendu le signal.

Les fanions rouges ne sont abaissés que lorsque l'incident qui arrêtait le tir a disparu, ou que le capitaine a fait sonner successivement la *retraite,* puis *Exécution.*

Afin d'éviter toute confusion pouvant amener des accidents, les sonneries dont il vient d'être parlé sont seules permises pendant le tir. On s'abstient également de toutes sonneries aux abords du champ de tir, soit à l'arrivée, soit au départ. (§ 194.)

AUX MANŒUVRES
ET EN CAMPAGNE

(Projet de règlement du 18 juillet 1898.)

Sonneries.

Le chef d'une troupe peut se servir de sonneries pour transmettre sa volonté (§ 302) lorsque les circonstances l'exigent.

Dans ce cas, il fait exécuter les sonneries prescrites aux *Bases générales de l'instruction.*

En général, le commandement préparatoire est remplacé par une sonnerie spéciale correspondante; le commandement d'exécution, par la sonnerie *Exécution.*

Il y a lieu de remarquer que certains commandements (A CHEVAL, par exemple) sont des commandements d'exécution en même temps que des commandements préparatoires. Dans quelques régiments on a conservé l'habitude de répéter deux fois la sonnerie : *A cheval,* au lieu de sonner une fois : *A cheval,* puis *Exécution.* Dans d'autres, au contraire, on exige que, à la sonnerie *A cheval,* les conducteurs relèvent les servantes, enrênent les sous-verges, replacent les gourmettes et reviennent à la tête de leurs chevaux. A la sonnerie *Exécution,* on se met en selle.

---

(1) Les renseignements relatifs aux devoirs des agents de liaison sont reportés plus loin (page 30).

Places dans les manœuvres (1).

Dans les batteries de 90 sur pied de guerre, il y a *trois* trompettes, portant les nᵒˢ 1, 2 et 3.

Le trompette n° 1 est celui du capitaine. Il compte à la 1ʳᵉ pièce, c'est-à-dire qu'il fait partie de la 1ʳᵉ section (batterie de tir).

Le trompette n° 2, qui est porteur du *télomètre*, compte à la 6ᵉ pièce, c'est-à-dire qu'il fait partie de la 3 section (batterie de tir).

Le trompette n° 3 est adjoint à l'adjudant et lui sert *d'agent de liaison*. (§ 365.) Il compte à la 7ᵉ pièce. c'est-à-dire qu'il fait partie de la 4ᵉ section et qu'il appartient à l'échelon de combat.

Dans toutes les formations, les trompettes se tiennent toujours, en principe (2), à 1ᵐ,50 derrière le brigadier fourrier. (§§ 308 et 318.)

Mais ils ne suivent pas ce gradé lorsque ses fonctions d'agent de liaison l'obligent à se déplacer.

Dans la formation *en batterie*, lorsque le capitaine met pied à terre, son cheval est tenu par un trompette. (§ 320.)

Pour la *reconnaissance*, le capitaine peut emmener le trompette n° 1 et lui prescrire, au préalable. de s'équiper de la *lunette de batterie*. (§ 369.)

---

(1) En instruction, le capitaine peut se faire accompagner d'un trompette. Dans ce cas, celui-ci se tient à 1ᵐ,50 derrière cet officier. (§ 315.)

(2) Ce principe n'est pas applicable dans le cas où, la batterie étant *en colonne par pièce*, le brigadier fourrier marche à côté du conducteur du milieu de la 1ʳᵉ pièce.

L'appareil se porte verticalement, à la manière d'une lance, le long et en arrière de la jambe droite. Le boucleteau de la courroie du triangle est fixé au dernier contre-sanglon de la selle, de telle sorte que les bouts ferrés arrivent un peu au dessous de la semelle de l'étrier droit. Le contre-sanglon de la courroie du plateau est placé autour du bras droit du cavalier et bouclé assez serré pour empêcher les oscillations.

Le trompette tient le cheval du brigadier fourrier (ou de l'observateur à la lunette), qui installe cet instrument.

Dans le groupe, la 1re batterie fournit un trompette au chef d'escadron. (§ 382.)

Ce trompette se place, en principe, dans toutes les formations, à 4 mètres du commandant, à la gauche des agents de liaison. (§ 385.)

Dans les manœuvres du groupe, les trompettes ne se tiennent jamais derrière leurs capitaines. (§ 387.)

Sur pied de guerre, chaque batterie fournit au chef d'escadron, comme *éclaireurs de terrain,* un sous-officier, un brigadier et un trompette. (§ 383.)

Défilé à pied.

Pour le défilé à pied du régiment, les trompettes marchent en tête. (§ 553.)

S'il y a une musique, elle commence à jouer à environ 50 mètres de la personne à qui on rend les honneurs. Lorsqu'elle a dépassé cette personne de 20 mètres, le chef de musique la fait déboîter de la colonne du côté opposé au guide ; arrivé à hauteur de l'officier qui fait défiler, il la fait tourner à gauche (droite), l'arrête dès que le dernier rang a conversé et l'établit face au flanc de la colonne. La musique joue pendant tout le temps du défilé.

Les trompettes se conforment à ce qui vient d'être dit pour la musique. (§ 555.)

Défilé avec matériel.

Tous les trompettes réunis marchent à 25 mètres en avant du colonel ; ils sont conduits par un sous-officier chargé de régler l'allure et placé à 1^m,50 en avant du premier rang. (§ 560.)

C'est au commandement préparatoire : *Pour défiler, en avant, guide à droite* (ou *gauche*) qu'ils prennent la place qui leur est assignée.

Lorsqu'ils arrivent à 50 mètres de la personne à qui on rend les honneurs, les trompettes sonnent la *marche* et des fanfares. Ils cessent de sonner lorsqu'ils ont dépassé de 50 mètres la personne à qui on rend les honneurs.

Après avoir défilé, ils continuent à marcher en tête des batteries.

Les trompettes se placent à 20 mètres à la droite des batteries. (§ 561.)

Lorsqu'une brigade d'artillerie défile sous les ordres de son général, les trompettes du premier régiment marchent à 25 mètres en avant du général. (§ 563.)

Au cantonnement et dans les bivouacs.

Dans chaque batterie, un trompette et le maréchal des logis chef sont logés non loin du capitaine. (§ 54.)

Il est établi une *garde de police* pour l'ensemble des batteries ou sections de munitions (1) qui relèvent du même commandement (groupe isolé, artillerie divisionnaire, artillerie de corps, etc.).

Cette garde de police comprend un trompette. (§ 527.)

Toute sonnerie est interdite dans les cantonnements ou bivouacs.

Il n'est fait *exception* que dans le cas d'une *alerte*. En ce cas, le signal est donné par le commandant du cantonnement, lequel fait sonner *la générale*.

Les trompettes des gardes de police répètent cette sonnerie. (§ 530.)

Devoirs des agents de liaison.

Dans chaque groupe, un officier désigné par le chef d'escadron donne aux agents de liaison et aux éclaireurs de terrain une instruction spéciale dont le programme est indiqué ci-après à la page 35.

Les agents de liaison sont plus particulièrement exercés à la répétition textuelle des ordres et à l'exécution des déplacements nécessaires pour leur transmission. (§ 476.)

---

(1) Dans chaque *section de munitions*, dans chaque *section de parc de corps d'armée*, dans chaque *section de réparation du matériel*, il y a deux trompettes, qui comptent respectivement à la 1re pièce et à la 5e. (§ 410.)

L'un d'eux accompagne le capitaine; l'autre, l'adjudant. (§ 413.)

En recevant un ordre verbal ou un renseignement à porter, l'agent de liaison le répète intégralement à haute voix avant de partir.

Le capitaine a, par exemple, donné cet ordre: « Dire à l'adjudant que l'agent de l'échelon n'est pas arrivé à la batterie de tir; qu'il m'en envoie un. Exécution. »

Le trompette répète ainsi : « Dire à l'adjudant que l'agent de l'échelon n'est pas arrivé à la batterie de tir; qu'il *vous* en envoie un. Exécution. »

Et il s'acquitte de sa mission en disant à l'adjudant: « L'agent de l'échelon n'est pas arrivé à la batterie de tir; en envoyer un *au capitaine*. Exécution. »

Sauf ordre contraire, l'agent de liaison fait les dix premiers mètres au pas, puis il prend le galop (1) pour aller porter l'ordre; après quoi, il revient au trot (1) auprès du chef qui l'a envoyé.

En principe, un agent de liaison n'est jamais chargé que d'une liaison : il doit donc, à moins d'ordres contraires, s'occuper uniquement des deux autorités qu'il relie.

Il est attaché à la fonction et non à la personne. Par conséquent, tout chef qui remplit momentanément plusieurs fonctions doit recevoir tous les agents de liaison correspondants. (§ 424.)

Ainsi, le commandant venant à être mis hors de combat, le plus ancien capitaine prend le commandement du groupe, et les agents de liaison (sous-officiers et trompette) qui étaient attachés au chef d'escadron accom-

---

(1) Lorsque la distance à parcourir est considérable il y a lieu de couper l'allure du galop ou du trot par un ou plusieurs temps de pas réduits au minimum indispensable pour faire prendre haleine au cheval.

pagnent désormais le capitaine qui l'a remplacé. D'autre part, celui-ci, laissant le commandement de sa batterie au lieutenant en premier, laisse également à cet officier le trompette n° 1, qui marchait avec lui.

Les fonctions d'un agent de liaison sont exclusives de toutes autres. Lorsqu'il porte un ordre, rien ne doit le détourner de l'accomplissement de sa mission.

Il a le devoir de toujours connaître soit l'emplacement des deux autorités ou des deux troupes qu'il est chargé de relier, soit leur itinéraire et leur régime de marche, de manière à pouvoir les retrouver rapidement.

Dans ce même but, il observe d'une façon constante le chemin par lequel il passe et, au besoin, il prend des repères de manière à pouvoir sans hésitation le parcourir de nouveau en sens inverse.

Les agents de liaison peuvent être employés à la surveillance du champ de bataille. (§ 162.)

Le porteur d'un ordre doit chercher à *se rendre compte des événements dont il peut être témoin* pendant la durée de la mission, de façon à pouvoir renseigner son chef et la personne à laquelle il porte l'ordre dont il est chargé.

Il ne doit pas repartir, pour revenir à son point de départ, sans avoir demandé s'il y a une *réponse à porter*. (§ 485.)

Si, à son retour au point d'où il est parti, il ne retrouve ni le chef qui l'a envoyé, ni un jalonneur laissé par lui, il doit :

1° Sans cesser de surveiller l'emplacement où il était précédemment ; chercher à le retrouver ;

2° En cas d'impossibilité absolue, retourner auprès de l'officier qu'il vient de quitter pour lui rendre compte de la situation où il se trouve.

Devoirs des éclaireurs de terrain.

Marche. — En campagne, lorsque le groupe est en marche, sa sûreté est garantie par le fonctionnement du service des éclaireurs de terrain que possède chaque batterie du groupe. (Voir ci-dessus page 27.)

Les éclaireurs sont alors placés sous la direction d'un lieutenant désigné par le chef d'escadron (§ 396) ou par le commandant de l'artillerie. (§ 404.)

Lorsqu'une colonne d'artillerie doit doubler de l'infanterie, les patrouilles d'éclaireurs placées en avant-garde préviennent les troupes qui vont être doublées.

Lorsqu'une colonne d'artillerie isolée doit traverser un *village*, un *bois* ou un *défilé* quelconque, les patrouilles sont envoyées pour *explorer* les *abords* et les *lisières*. S'il s'agit d'un village ou d'un bois, d'autres patrouilles sont chargés de les *contourner*. Les éclaireurs placés en avant-garde se portent en avant de façon à gagner rapidement la sortie et à pouvoir donner des renseignements avant que la colonne arrive à l'entrée. (§ 489.)

Lorsque l'artillerie se dirige vers ses emplacements de combat, en évitant les zones non défilées ou dangereuses et en tournant les obstacles divers que présente le terrain, la marche est guidée et couverte, dans chaque groupe, par des éclaireurs, dirigés au besoin par un officier. Ils sont chargés :

1° De signaler ceux de ces obstacles qui pourraient gêner la marche ;

2° D'établir la liaison entre les batteries et les officiers partis en avant en reconnaissance ;

3° De *jalonner* la direction à suivre. (§ 441.)

Les investigations de ces éclaireurs ne doivent pas s'étendre au loin ; elles n'ont d'autre but que de *signaler* en temps opportun, soit les *difficultés du parcours*, soit un danger immédiat, tel que parti de cavalerie, vélocipédistes, tireurs embusqués, etc. (§ 486.)

Les éclaireurs opèrent, en principe, par *patrouilles de deux hommes :* l'un est chargé de *reconnaître* ou d'*observer ;* l'autre est chargé *d'assurer la liaison* avec le commandant des éclaireurs, soit à l'aide de *signaux convenus* d'avance, soit verbalement. (§ 487.)

Le rôle des éclaireurs n'est pas de *combattre,* mais de *renseigner.*

Lorsqu'ils ont à *observer*, ils le font toujours de *pied ferme* et *en restant à cheval.* Ils se déplacent alors par bonds successifs.

L'objet de la mission confiée aux patrouilles d'éclaireurs doit être nettement défini par les officiers qui les ont envoyées, particulièrement lorsqu'il s'agit de faire des reconnaissances sur les flancs de la colonne. (§ 488.)

Formation de combat. — Lorsque les pièces sont en batterie, les éclaireurs de terrain sont laissés, en totalité ou en partie, à la disposition des chefs de groupe. (§ 406.)

Lorsque l'artillerie est en position de combat, chaque commandant de groupe dispose ses éclaireurs de manière à *surveiller une zone de terrain déterminée*. (§ 442.)

Pendant que les batteries sont en formation de combat, les éclaireurs peuvent être employés, en vue des déplacements ultérieurs de ces batteries, à *reconnaître les débouchés de la position*. (§ 445.)

Pendant l'exécution des feux, les éclaireurs de terrain peuvent être employés à *observer les effets du tir*. (§§ 453 et 454.)

En même temps ils surveillent attentivement le champ de bataille dans le but de signaler les mouvements des troupes (amies) voisines ou l'apparition soudaine de troupes ennemies, et pour empêcher les surprises. (§ 462.)

Les *gués* sont reconnus avec soin par les éclaireurs. Ceux-ci doivent non seulement s'assurer de la *praticabilité* du gué, au point de vue de la *nature du fond*, mais encore reconnaître si on n'y a disposé ni *herse* ni autre objet dangereux.

Pour que le gué soit praticable aux voitures de l'artillerie, il faut : que la *profondeur de l'eau* ne dépasse guère cinquante centimètres ; que le fond soit résistant, non vaseux, qu'il ne présente ni trous ni grosses pierres ; que des rampes d'accès assez larges y conduisent, etc.

Un *jalonneur* est, en général, placé à l'entrée du gué : un autre, à la sortie. Chacun d'eux doit recevoir, s'il y a lieu, les consignes reconnues nécessaires soit pour la traversée du gué, soit pour la direction à prendre en en sortant. (§ 506.)

Dans les marches de nuit, des *jalonneurs* sont placés aux embranchements de route pour indiquer la direction à suivre. (§ 508.)

Instructions spéciales. — Des instructions spéciales sont faites aux agents de liaison et aux éclaireurs de terrain.

Elles ont lieu par groupe, sous la direction d'un officier désigné par le chef d'escadron, et toujours à l'extérieur.

Elles font l'objet d'exercices nombreux exécutés dans des situations aussi variées que possible.

On fait connaître aux éclaireurs et aux agents de liaison la *dénomination* des *formes du sol* et de ce qui se trouve sur sa surface.

Terrains couverts, découverts; — plaines; — hauteurs; — vallées, ravins, bas-fonds; — cultures, — etc.;

Routes, chemins, sentiers; — leur *nature* (ferrés, en remblai, en déblai); — leur *viabilité* pour les voitures, les cavaliers, les hommes à pied ;

Forêts, bois, bouquets, taillis, broussailles;

Villages, hameaux; — fermes, châteaux ; — vergers, jardins; — murs, haies, — etc.;

Clochers, tours, maisons isolées, moulins à vent.

L'instruction comprend, en outre, la connaissance des *points cardinaux*, la manière de les utiliser pour se diriger et pour indiquer dans quelle direction se trouvent, par rapport à ces points, les différents accidents de terrain ou les localités qu'on peut apercevoir.

Pour exercer les éclaireurs de terrain, d'une manière complète, à l'accomplissement des devoirs qui leur incombent, on les place dans les différentes éventualités que peuvent présenter les marches, les occupations et changements de position, ainsi que la surveillance du champ de bataille. (§ 476.)

TENUE

(Description du 15 mars 1879.)

Veste de trompette. — Le collet est garni d'un galon de laine, à losanges tricolores, dont les extrémités vont se perdre sous les pattes à numéro.

Dolman de trompette. — Une tresse tricolore est cousue sur le collet, immédiatement au-dessous de la tresse noire, et ses extrémités vont se perdre dans la couture de l'encolure; le numéro du régiment est appliqué ensuite partie sur le drap du collet et partie sur la tresse tricolore.

Sur chaque manche, un galon de laine, à losanges tricolores, est placé en dedans du parement écarlate à 3 millimètres de son bord supérieur, et ses extrémités viennent se rejoindre dans la couture du coude. (Art. 37, § 11.)

Brigadier trompette. — Outre les mêmes galons que le trompette, il porte les galons de son grade. (Art. 37, § 12.)

Maréchal des logis trompette. — Il porte les galons de son grade. En outre, un galon en or, façon cul-de-dé, règne au bas de la tresse noire, et ses extrémités viennent se perdre dans la couture d'encolure, ainsi qu'il est dit pour le trompette. Un galon semblable, placé de la même manière que pour le trompette, occupe le bas des manches du dolman. (Art. 37, § 13.)

Cordon de trompette. — Il est confectionné en cordonnet de laine (et non en laine plate) aux trois couleurs nationales mélangées et avec un gland à chaque extrémité. Sa longueur développée apparente est de 7^m,80.

Ce cordon sert à suspendre la trompette. Une partie est enroulée autour de la poignée de l'instrument, et le reste est tressé en chaînette serrée. (Art. 92, § 2.)

Courroie de trompette (1). — Pour les manœuvres ordinaires, le service de quartier, de promenade, etc., les trompettes font usage, au lieu d'un cordon, d'une courroie en cuir noir (longueur 1^m.80, largeur 17 millimètres), attachée au moyen d'un double bouton de cuivre à chacune de ses extrémités, qui sont percées, à cet effet, de deux boutonnières distantes d'environ 10 centimètres, et entre lesquelles la courroie est un peu diminuée de largeur, pour qu'elle embrasse plus facilement l'anneau porte-cordon de la trompette.

Deux fentes sont pratiquées dans la courroie pour recevoir l'embouchure de la trompette, quand elle est rejetée sur le dos.

Cette courroie est en deux morceaux cousus ensemble, sur 5 centimètres de croisure : l'un mesure 80 centimètres, et l'autre, celui qui porte les fentes, 1 mètre de long. (Art. 92, § 3.)

---

(1) Les trompettes de l'armée territoriale ne reçoivent qu'une courroie en tenue de campagne. (V. page 44.)

NETTOYAGE ET DÉSINFECTION DES TROMPETTES

(Décision ministérielle du 23 juillet 1890.)

Quand un instrument à vent a servi pendant quelque temps, il s'y forme, à l'intérieur, un amas de matières grisâtres, constitué par des mucosités dans lesquelles se trouvent de nombreux ferments qu'il importe de détruire parce que certains d'entre eux peuvent pulluler et se transmettre, en causant des maladies plus ou moins graves.

Cet amas de mucosités est généralement très adhérent et ne peut être enlevé que par un outillage spécial. Pour y parvenir et garantir ainsi les trompettes qui doivent successivement faire usage des mêmes instruments, le Ministre a décidé que chacun de ceux-ci serait soumis régulièrement, sur l'ordre des chefs de corps, à un nettoyage complet et, dans certains cas, à la désinfection.

Nettoyage. — Cette opération suffit tant que l'instrument ne change pas de propriétaire et que celui-ci n'est point malade. Comme la souillure de l'instrument s'opère d'une manière continuelle et progressive, il faut que le nettoyage ait lieu tous les mois.

Il s'effectue, sous la surveillance du maréchal des logis trompette ou du brigadier trompette, de la manière suivante :

Remplir l'instrument avec de l'eau chaude à 50 ou 60 degrés, en la versant par le pavillon et en bouchant l'embouchure. Laisser en contact pendant une dizaine de minutes pour ramollir le mucus. Cela fait, rincer l'instrument avec de l'eau à la même température et répéter cette opération trois ou quatre fois de suite.

Pour achever le nettoyage, on a recours au procédé de l'éponge, applicable aux instruments à tubes étroits.

On introduit par l'embouchure un morceau d'éponge gros comme une noisette, et, en soufflant, on le fait sortir par le pavillon. On le réintroduit plusieurs fois, jusqu'à ce qu'il ne ramène plus d'impuretés.

Si ce procédé était jugé insuffisant, on ferait passer par l'instrument un chiffon, au moyen d'une forte corde à boyau munie d'un œillet destiné à fixer le chiffon. Ce procédé est, du reste, connu de la plupart des musiciens.

Désinfection. — La désinfection totale, suivie d'un nettoyage avec l'éponge, sera nécessairement effectuée chaque fois qu'un instrument changera de propriétaire ou lorsque celui-ci aura été atteint d'une maladie infectieuse.

Elle a lieu, dans tous les cas, dans un local de l'infirmerie régimentaire, où le médecin chef de service fait mettre l'eau chaude nécessaire à la disposition des trompettes.

La désinfection a lieu par une immersion de 10 minutes à un quart d'heure dans l'eau bouillante.

Toutes les parties de l'instrument peuvent sans inconvénient être plongées dans l'eau à la température de 100 degrés.

On facilite l'introduction de l'eau dans toutes les parties de l'instrument en le démontant aussi complètement que possible et en immergeant les parties ainsi séparées.

PAQUETAGE DE CAMPAGNE

(Instruction du 27 mai 1891, modifiée les 6 juin 1892,
20 mai 1893, 17 janvier 1895 et *B. O.*, E. R., vol. 98.)

Le trompette porte sur lui :

Une *plaque d'identité* suspendue par son cordon, sous la chemise ;

Une *ceinture de flanelle* ;

Un *caleçon* ;

Une *chemise* ;

Une *cravate* ;

Un *képi* ;

Une *veste* (dans la poche droite de laquelle se place un *paquet de pansement* individuel) ;

Un *pantalon de cheval* soutenu par des *bretelles*. — Dans l'une des poches est un *mouchoir*. — Les poches sont toujours boutonnées ;

Une paire de *brodequins* éperonnés ;

Un *ceinturon*, la bélière pendant sur le côté gauche, en arrière et le long de la bande du pantalon, son extrémité boutonnée sur le bouton double ;

Un *étui de revolver* contenant un *revolver* et douze *cartouches* ;

La ceinture est bouclée sans faire faire de pli au vêtement. Sa boucle se trouve entre les deux premiers boutons. On doit pouvoir passer un ou deux doigts entre le dessus de la ceinture et le haut de la passe. La banderole est ajustée en conséquence, sans qu'on ait à s'occuper de la place de la boucle.

Une *lanière de revolver;*

Fixer la lanière par sa ganse à la partie antérieure de la banderole; faire, à partir de cette ganse, une boucle de 12 à 15 centimètres de longueur; enrouler la partie libre autour de cette boucle depuis la ganse jusqu'à l'extrémité de la boucle; introduire le bout de la lanière doublée dans l'extrémité de la boucle, serrer le tout et fixer la lanière à l'anneau de calotte de revolver.

Mettre dans l'étui le revolver et la lanière roulée.

Un *petit bidon;*

La courroie engagée sous la patte d'épaule droite la boucle en avant, passe par-dessus la banderole du revolver. Elle est ajustée de manière que le corps du bidon se trouve placé un peu en arrière de la hanche gauche, son milieu à hauteur de la ceinture du revolver. La courroie est fixée au bidon de telle sorte que le bouton double se trouve près du petit goulot.

Un *quart*, suspendu à la courroie, en arrière du bidon, l'intérieur tourné vers le corps de l'homme;

Une *trompette* munie d'un *cordon.*

Dans les unités territoriales, le cordon est remplacé par une *courroie.*

CHARGEMENT DU CHEVAL. — **Sacoche gauche.** — On y place, dans l'ordre ci-après :

Deux *sachets à vivres;*

Dans l'un, 200 grammes de *riz* et une tablette de 40 grammes de *sel;* dans l'autre, une tablette de 42 grammes de *sucre* et une tablette de 30 grammes de *café* torréfié.

Deux rations de *pain de guerre* enveloppées dans un *mouchoir* noué;
Un *surfaix de couverture;*
Une *courroie de manteau* roulée (sauf lorsqu'on a le manteau en sautoir, comme dans la tenue d'embarquement en chemin de fer);
Une *trousse garnie,* sans glace;
Un *étui-musette* (sauf dans la tenue d'embarquement en chemin de fer);
Une *gamelle individuelle,* contenant le pain et la viande froide, placée le couvercle en dessus;
Une *cuiller,* entre la gamelle et le chapelet.

Sacoche droite. — Avant de la garnir, prendre les brodequins et engager le talon de l'un dans le contrefort de l'autre; rabattre sur le côté les quartiers des deux brodequins, qui sont ensuite ficelés avec les lacets près des talons.
Ceci fait, placer les *brodequins* ainsi préparés dans la sacoche, contre son devant, les talons en haut, la semelle touchant le chapelet; les enfoncer le plus possible. Engager ensuite la *brosse double* et la *brosse à habits* (ou bien la *boîte à graisse* et la *brosse d'armes*) entre le dessus de sacoche et l'empeigne du brodequin. Mettre un *paquet de cartouches* et une *paire de sous-pieds* de rechange au fond de la sacoche.
Rouler ensemble une *chemise* et un *caleçon*

pliés de manière que le rouleau ait environ 20 centimètres de hauteur; aplatir un peu ce rouleau et l'enfoncer debout contre le derrière de la sacoche; glisser le *livret individuel* entre le rouleau et le chapelet; enfoncer la *brosse en crin* debout le long des brodequins; placer l'*éponge* et le *morceau de savon*.

Achever de remplir la sacoche avec l'*étrille*, qu'on enveloppe dans le *torchon-serviette* (époussette) et qu'on pose ensuite à plat sur le chargement.

Charge de devant. — On commence par remplir l'étui porte-avoine en opérant de la manière suivante :

1° Mettre dans la *musette-mangeoire* la moitié de l'avoine de route; rouler la musette-mangeoire en commençant par les bords, l'introduire dans l'étui porte-avoine et la pousser vers l'un des bouts;

2° Mettre dans la *musette de pansage* l'autre moitié de l'avoine de route; la rouler, l'introduire dans l'étui et la pousser vers le bout opposé à la musette-mangeoire;

3° Saisir l'étui porte-avoine par le milieu et faire descendre les musettes de chaque côté jusqu'au fond;

4° Etendre ensuite le *sac à avoine* à plat et le rouler en commençant par les bords de l'ouverture. Introduire le rouleau ainsi obtenu dans l'étui porte-avoine entre les deux musettes.

L'étui ne doit pas contenir plus de 2 kilogrammes d'avoine en tout.

Ceci fait, tordre l'étui porte-avoine par le

milieu pour le fermer et pour lui donner l'étranglement nécessaire. — Le fixer par le milieu avec la courroie du pommeau. — Attacher les bouts contre les devants des sacoches au moyen des courroies d'arcade et des boucleteaux inférieurs de sacoches, de manière que la couture de l'étui soit contre les sacoches et que les fonds se trouvent à hauteur du bas des dessus de sacoches.

Placer sur une même ligne les boucles des cinq courroies de charge de devant.

Charge de derrière. — Les trois courroies de troussequin étant engagées de haut en bas dans leurs crampons, placer sur les pointes de la selle la *besace* relevée à 45 degrés vers l'avant, l'ouverture en dessus. Tourner une fois la courroie du milieu autour de la besace et l'engager de nouveau dans son crampon.

Engager la courroie de gauche de haut en bas dans la passe correspondante de la besace; faire tourner d'un tour complet la partie droite de cette dernière pour tordre la besace en son milieu, et engager de même la courroie de droite dans l'autre passe.

Dans quelques selles, le crampon du milieu n'est pas assez large pour qu'on puisse y passer deux fois la courroie. Dans ce cas, on se contente d'entourer la besace avec la courroie sans passer celle-ci une deuxième fois dans le crampon, et l'on maintient la besace provisoirement, si c'est nécessaire, soit avec la main, soit avec les courroies extrêmes, qu'on déboucle ensuite quand le manteau est maintenu par le milieu.

La besace est garnie de la façon suivante :

1o. Prendre le *bourgeron* et l'étendre à plat; replier

les côtés de manière à arriver à une largeur de 0^m,60 ; rabattre ensuite les manches le long des côtés du vêtement en ayant soin qu'elles ne débordent pas ; plier le bourgeron en trois, placer dessus le *bonnet de police* et rouler plat en commençant par le col.

On obtient ainsi un rouleau ayant environ 0^m,20 de longueur. Introduire ce rouleau dans la besace et le pousser vers l'un des bouts.

2° Plier le *pantalon de treillis* en deux, les jambes l'une sur l'autre ; rabattre ensuite les côtés du fond de manière à obtenir une largeur de 0^m,20 ; rouler plat en commençant par la ceinture.

Introduire dans la besace le rouleau ainsi obtenu et le pousser vers le bout opposé au bourgeron.

3° Saisir la besace par le milieu, et, par de légères secousses, faire descendre le bourgeron et le pantalon de treillis de manière que ces effets remplissent bien les bouts.

Prendre le *manteau* roulé, le poser sur la besace, la fente du rouleau en dessus et tournée vers l'avant, la couture du milieu vis-à-vis du milieu du troussequin ; replier les deux bouts et les ramener entre la besace et le rouleau principal ; cintrer le tout de manière à lui faire suivre le contour du troussequin et en dissimulant le plus possible les bouts du manteau. Serrer les courroies en ramenant les boucles contre le troussequin.

La courroie du milieu serre à la fois la besace, le rouleau principal et les deux bouts, qui se recroisent ; les courroies latérales sont placées en éventail, leur partie supérieure à 0^m,25 environ de la courroie du milieu.

La longueur, entre verticales, du manteau ainsi placé doit être d'environ 0^m,55.

Suspendre à la courroie trousse-étrier de

droite une *corde à fourrage* roulée en anneau de bivouac ou roulée en boudin (les bouts réunis de manière à former un cercle).

Suspendre au porte-sabre un *sabre* placé la garde en avant et portant une *dragonne*.

Pour fixer la dragonne au sabre, engager la ganse par le côté des branches latérales, passer le gland dans la ganse et serrer ce nœud coulant sur la réunion des trois branches en laissant pendre la dragonne le long de la branche principale.

Ferrure. — Pour chaque cheval, les voitures transportent une *demi-ferrure* (2 *fers* et 20 *clous*), ainsi que 32 *crampons à glace*.

Si un trompette doit se séparer de la batterie, il emporte sa demi-ferrure dans les poches à fers des sacoches.

Il emporte en même temps une ration d'avoine de réserve prise dans les sacs de batterie. Il en place le plus possible dans l'étui porte-avoine, et il verse le surplus dans le sac à avoine. Celui-ci est alors roulé en boudin et fixé sur les sacoches au moyen de la courroie de pommeau et des boucleteaux inférieurs de sacoches.

TROMPETTE DÉMONTÉ.

Lorsque, pour une raison quelconque, un trompette cède son cheval à un homme monté voyageant à pied, il remet en même temps à celui-ci ses effets de pansage et sa besace. Il reçoit en échange le havresac de l'homme voyageant à pied.

TENUE D'EMBARQUEMENT EN CHEMIN DE FER.

1° L'étui-musette et le manteau sont portés en sautoir.

2° La musette-mangeoire vide est portée extérieurement sur le pommeau, maintenue par la courroie de pommeau, l'avoine restant en vrac dans l'étui porte-avoine.

3° On fixe la besace en arrière de la selle à l'aide des trois courroies de troussequin. A cet effet, on entoure la besace une fois de plus avec la courroie du milieu, avant de la boucler.

C'est ainsi qu'on la maintient lorsqu'on a déroulé le manteau.

4° Une *étiquette en toile*, portant le nom et le numéro matricule du trompette, est placée en fourreau autour de la courroie de paquetage de gauche de la selle, de telle sorte que le nom soit lu facilement.

Ces étiquettes doivent servir à faire retrouver par les hommes, dans les wagons où elles sont déposées, les selles qui leur appartiennent. Elles sont confectionnées à l'avance et conservées dans les magasins des batteries.

TROMPETTE ACCOMPAGNANT
UN OFFICIER

Les devoirs des plantons ne sont pas réglementés. Chaque officier peut donner des ordres particuliers à l'homme qui l'accompagne. Mais, en général, on observe les règles suivantes :

Le trompette marche en file derrière l'officier qu'il accompagne, à une distance variant de $1^m,50$ à 10 mètres.

Sauf à la manœuvre, il salue ses supérieurs, comme s'il marchait isolément; mais il ne ralentit son allure ou ne s'arrête que si l'officier ralentit ou s'arrête. Il ne se laisse jamais séparer de lui. S'il est obligé de s'arrêter, il l'en prévient. Il le prévient également s'il voit que son cheval a une pierre dans le pied, se blesse, etc.

Quand l'officier va mettre pied à terre, le trompette s'approche rapidement, se mettant du côté hors montoir, descend de cheval, saisit de la main droite les rênes du filet, à pleine main, à 5 centimètres environ du mors, et prend de la main gauche l'étrivière droite, sur laquelle il pèse pour empêcher la selle de tourner pendant que le cavalier descend.

S'il doit ramener la monture de ce dernier,

il relève les étriers jusqu'au contact des quartiers et engage le bout libre des étrivières sous la grille. Il remonte à cheval et tient de la main droite, par la rêne gauche du filet, le cheval qu'il emmène.

Si l'officier lui dit de l'attendre, il promène les chevaux, qu'il évite de tenir dans des endroits frais s'ils ont chaud.

Quand l'officier se dispose à monter, il place le cheval dans un endroit convenable, c'est-à-dire sur un terrain propre et bas, et il le tient comme il vient d'être expliqué. Lorsque l'officier est en selle, le trompette présente l'étrier devant le pied droit, et, dès que le cavalier a ajusté ses rênes, il remonte rapidement à cheval.

TRANSPORT PAR CHEMIN DE FER

(Instruction spéciale du 8 septembre 1890,
modifiée les 4 septembre 1894 et 12 janvier 1900.)

Embarquement des hommes. — Cette opération commence à la sonnerie : *En avant* (Règle 19.)

Haltes. — A la sonnerie : *Halte*, les hommes descendent de wagon en laissant leurs armes dans le train. (Règle 22.)

Haltes-repas. — A la sonnerie de *la soupe*, les hommes descendent de wagon, se forment en bataille et vont donner aux chevaux l'eau et le fourrage. Puis ils sont conduits au réfectoire ou dans le lieu où doit se faire la distribution des vivres. (Règle 22.)

Débarquement des hommes. — A la sonnerie de *la marche*, les canonniers sortent sans précipitation des voitures, tenant à la main leurs armes et leur sac. (Règle 25.)

CAHIER

DES

SONNERIES

SONNERIES.

POUR LE SERVICE INTÉRIEUR.

1. Le réveil.

2. Le repas des chevaux.

3. L'appel.

4. Le pansage.

5. Le boute-selle.

Allegretto.

6. A cheval;

Prestissimo.

7. A l'étendard.

8. L'ouverture du ban.

9. La fermeture du ban.

10. Quatre appels consécutifs.

(Pour le rassemblement du régiment à pied.)

11. L'instruction.

12. A l'ordre.

13. Aux officiers.

14. Aux maréchaux des logis chefs.

15. Aux fourriers.

Allegro.

16. Aux maréchaux des logis de semaine.

Allegro.

17. Aux brigadiers de semaine.

Allegro.

18. Aux malades.

19. La soupe.

20. Les corvées.

21. Les distributions

22. Le rassemblement de la garde.

23. L'appel des consignés.

24. Aux trompettes.

25. La retraite.

26. L'extinction des feux.

27. La générale.

Vivace.

POUR LES ROUTES
ET POUR LES MANŒUVRES.

28. Garde à vous.

29. Sabre à la main.

30. Remettez le sabre.

31. Pied à terre.

32. En avant.

33. Halte.

34. A gauche.

35. A droite.

36. Demi-tour.

37. La contre-marche.

38. Le ralliement général.

Presto.

39. Au pas.

(Étant au trot ou au galop.)
Moderato.

40. Au trot.

(A pied, au pas gymnastique.)
Moderato.

41. Au galop.

42. En batterie.

43. Le demi-appel.

(Pour commencer ou cesser le feu.)

44. Faire monter les servants sur les coffres.

45. Faire descendre les servants des coffres.

46. Pour mettre les manteaux

Allegro mosso.

47. Exécution.

Allegro.

48. La marche. (Défilé au pas).

Allegro.

49. Défilé au trot.

Trompettes à l'unisson ou trompette seule.

50. Défilé au galop.

Trompettes à l'unisson ou trompette seule.

TABLE DES MATIÈRES

Paris et Limoges. — Imp. milit. Henri Charles-Lavauzelle.